ANALIZA KSIĄŻKI

AF142087

Delikatność

· · · · · · · · · · · · · · · ·

DAVID FOENKINOS

ANALIZA KSIĄŻKI

Napisany przez Marie-Sophie Wauquez
Przetłumaczony przez Kâmil Kowalski

Delikatność

· ·

DAVID FOENKINOS

DAVID FOENKINOS

FRANCUSKI POWIEŚCIOPISARZ

- **Urodzony w Paryżu w 1974 r.**

- **Godne uwagi prace:**

  - *Inversion de l'idiotie* [Siostrzeniec Kundery] (2002), powieść

  - *Les Cœurs automnes* [Jesienne serca] (2006), powieść

  - *La délicatesse* [Delikatność] (2009), powieść

David Foenkinos to francuski pisarz i reżyser, który urodził się w 1974 roku i studiował literaturę na Sorbonie (Paryż). Od 2002 roku jego prace publikuje Gallimard (a następnie inni wydawcy, w tym Bloomsbury w przypadku tłumaczeń jego dzieł na język angielski), pisarz eksploruje różne środki wyrazu, takie jak teatr, komiks i kino. Zdobył wiele nagród literackich, a także zajął się adaptacjami filmowymi własnych utworów (*Delikatność*, 2011), które również zostały przetłumaczone na ponad 15 języków.

Do jego głównych dzieł należą *Inversion de l'idiotie* (2002), *Les Cœurs automnes* (2006), *Qui se souvient de David Foenkinos?* [Kto pamięta Davida Foenkinosa?] (2007), *La délicatesse* (2009) i *Lennon* (2010).

DELIKATNOŚĆ

DZIEŁO PRZEPEŁNIONE EMOCJAMI

- **Gatunek:** powieść
- **Wydanie referencyjne:** Foenkinos, D. (2011) *Delikatność*. Tłum. Benderson, B. London: Bloomsbury.
- **Wydanie pierwsze:** 2009 r.
- **Tematy:** miłość, miłość od pierwszego wejrzenia, żal, poczucie winy, praca, zazdrość

Wydana po raz pierwszy przez Gallimard w 2009 roku *Delikatność* to ósma powieść Davida Foenkinosa. Wydrukowana w blisko 100 000 egzemplarzy, została entuzjastycznie przyjęta przez publiczność i otrzymała dziesięć nagród literackich, w tym *Prix Conversation* i *Prix des Dunes*. Opisuje romantyczne relacje kobiety z trzema różnymi mężczyznami, z których każdy jest nią zauroczony: najpierw związek idealny (François), następnie związek bez wzajemności (Charles), a na koniec dość zagadkowy romans (Markus).

Charakteryzując się lekkim charakterem, dzieło to składa się ze 117 bardzo krótkich rozdziałów, przeplatanych krótkimi przypisami, fragmentami utworów lub różnymi uwagami. Jego wyjątkowość polega również na tym, że znajdują się w nim przypisy, które podają dodatkowe informacje o opowiadaniu.

PODSUMOWANIE

Powieść nie ma żadnych podziałów poza jej 117 rozdziałami. Dla celów zwięzłości i zrozumienia postanowiliśmy podzielić tekst na trzy główne części.

NATALIE I FRANÇOIS

François podchodzi do Natalie na ulicy. Zazwyczaj tego nie robi, ale czuje, że Natalie jest "tą jedyną". Ona zgadza się na drinka i poznają się w barze, gdzie niespodziewanie zamawia dokładnie taki napój, na jaki liczył François: sok morelowy, "idealny" wybór według młodego mężczyzny.

Od razu przypadają sobie do gustu i wkrótce decydują się na ślub. Ich wspólne życie jest proste i szczęśliwe, ale kończy się tragicznie wraz ze śmiercią François.

Po zakończeniu studiów Natalie stara się o pracę w szwedzkiej firmie. Jej CV, a zwłaszcza zdjęcie, natychmiast przyciągają uwagę Charlesa Delamaina, prezesa firmy, który zatrudnia ją nie bez ukrytych motywów i z którym będzie miała później problemy.

Pewnej niedzieli, gdy młoda kobieta czyta, François wychodzi na niedzielny jogging. Niestety, zostaje przejechany podczas przechodzenia przez jezdnię. Ostatnim wspomnieniem Natalie o nim jest zdanie, które wyszeptał jej do ucha przed wyjściem, ale którego już nie pamięta.

PO ŚMIERCI FRANÇOIS

François umiera po kilku dniach w śpiączce. Po pogrzebie męża Natalie jest zrozpaczona i spędza dużo czasu w domu. Nie może przestać patrzeć na swój związek ze zmarłym mężem. Charles, jej szef (i skryty adorator) jest jej jedynym łącznikiem ze światem zewnętrznym: często ją odwiedza i zaczyna zbliżać się do niej fizycznie. Przekonuje ją, by wkrótce wróciła do pracy, co też czyni, trzy miesiące po śmierci męża.

W miarę upływu czasu Charles staje się coraz bardziej natarczywy wobec Natalie: proponuje jej awans (miałaby teraz kierować sześcioosobowym zespołem) i zaprasza ją na kolację. Przy tej okazji Charles wyznaje jej miłość, ale Natalie odrzuca jego zaloty: tłumaczy mu, że szczerze mówiąc, nie lubi go, zwłaszcza że jest żonaty.

Fragment powieści poświęcony jest przedstawieniu osoby, która przejechała François: Charlotte Baron, kwiaciarki. Poprzez tę postać przedstawiony jest motyw winy.

Natalie rzuca się całkowicie w wir pracy, aby przestać myśleć o śmierci François i odsunąć od siebie poczucie winy: uważa, że powinna była powstrzymać go przed pójściem pobiegać tamtej niedzieli. Pewnego wieczoru zgadza się wyjść z Chloé, jedną z jej koleżanek, która chce oderwać się od spraw zawodowych, i idzie do baru, gdzie podchodzi do niej mężczyzna. Natalie, która wciąż żyje wspomnieniem François i nie jest przyzwyczajona do tego typu spotkań, ucieka.

NATALIE I MARKUS

Trzy lata po śmierci męża, Natalie całuje się z nieco nieatrakcyjnym mężczyzną, który należy do jej zespołu w pracy:

Markusem. Choć dla niej jest to nic innego, jak tylko instynktowny akt ("Ten pocałunek był wyrazem nagłego powstania wśród jej neuronów, czymś, co można by nazwać aktem bezinteresownym", s. 78), pocałunek ten jest ważny dla skrycie zakochanego w niej Markusa i stanowi początek prawdziwej historii miłosnej. Markus zna tę młodą kobietę od momentu rozpoczęcia pracy w firmie: to Natalie go zwerbowała. Zakochał się w niej już przy ich pierwszym spotkaniu: "Teraz znowu pomyślał o tym sposobie, w jaki zakładała swoje kosmyki włosów za ucho. To właśnie ta czynność go zafascynowała" (s. 200). Z kolei dla Natalie, Markus jest tylko "kwotą" dla firmy: "Natalie miała instrukcje, żeby zatrudnić Szweda. Markus był tam wtedy z powodu jakiegoś interesu dotyczącego kwoty" (s. 200).

Markus jest bardzo poruszony i próbuje zrozumieć powody, które skłoniły Natalie do tego czynu, ale ani on, ani czytelnik nie są w stanie wymyślić dobrej odpowiedzi. Następnego dnia młody człowiek ma nadzieję zobaczyć Natalie, aby móc porozmawiać z nią o pocałunku. Po kilku próbach zainicjowania "przypadkowego zdarzenia" (s. 141), decyduje się w końcu na spotkanie z młodą kobietą i pocałowanie jej w odpowiedzi.

Ich związek jest nietypowy i rozwija się wstecz w porównaniu do tradycyjnego związku. W rzeczywistości zaczyna się od pocałunku, po którym następuje właściwe spotkanie. Spotkanie to jest równie zaskakujące i dezorientujące dla młodej kobiety, jak i dla jej kolegi. Kolacja, wyjście do teatru i randka w barze prowadzą do stopniowego poznawania się bohaterów. Natalie odkrywa w Markusie zabawnego i czarującego mężczyznę, który poświęca jej wiele uwagi (na przykład daje jej dozownik Pez, o którym mu wspomniała). Ich relacja jest prosta, ale ciekawsza dzięki zagadkowej postawie Markusa, która dodaje mu uroku i poetyckości, co czyni go atrakcyjnym zarówno w oczach Natalie, jak i czytelnika ("Lubiła ten nagły zwrot w stronę niedorzeczności. Oddanie swojego miejsca kelnerowi mogło być najlepszym sposobem na postawienie go na swoim miejscu. Doceniała to, co uważała za poetycki moment", s. 121). Dodatkowo dobroć Markusa kontrastuje z osobowością Charlesa, gdyż ten ostatni przedstawiony jest jako człowiek o raczej złym usposobieniu.

Romans Markusa i Natalie zaskakuje ich kolegów, zwłaszcza Charlesa, który robi wszystko, by utrudnić ich związek. Gdy tylko orientuje się, że spotykają się ze sobą, wzywa ją do swojego biura. W mieszance ciekawości i zazdrości próbuje dociec, dlaczego Natalie pociąga Markus. Zwołuje też spotkanie z tym ostatnim, a nawet zaprasza go na kolację do restauracji. Skonfrontowany z oryginalną osobowością Markusa, Charles rozumie, dlaczego młoda kobieta tak bardzo go lubi: "A na dodatek masz świetne poczucie humoru. Jesteś geniuszem, naprawdę" (s. 194). Nie ma innego wyjścia, jak tylko geograficznie rozdzielić parę: oferuje Markusowi fantastyczną pracę, której jedynym minusem jest to, że znajduje się w Sztokholmie.

Ta próba rozdzielenia Markusa i Natalie jest jednak bezużyteczna i prowadzi do reakcji łańcuchowej: najpierw młody człowiek odrzuca ofertę, rezygnuje i uderza Charlesa. Następnie dołącza do Natalie, która również uderzyła swojego szefa i zrezygnowała.

Para spędza następnie swoją pierwszą noc razem. Ostatni rozdział opisuje zabawę w chowanego w ogrodzie należącym do Madeleine – babci młodej kobiety. Ogród, w którym

Natalie spędziła tyle lat jako dziecko, odkrywa przed Markusem wszystkie swoje tajemnice. Ich związek staje się bardziej trwały i realny w tym dzieleniu się emocjami, które umożliwia ogród.

STUDIUM POSTACI

Delikatność skupia się na trzech parach, które tworzą się i rozpadają wokół jednej młodej kobiety. Powieść nie pozostawia więc wiele miejsca dla pozostałych bohaterów.

NATALIE

Od pierwszego rozdziału autorka maluje w większości kompletny portret psychologiczny głównej bohaterki. Dowiadujemy się, że jest dyskretna, lubi się śmiać i czytać, a także, że nigdy nie odczuwa nostalgii, co jest "czymś, co u Natalie było dość rzadkie" (s. 1), gdyż, jak twierdzi autorka, "egzystuje często wyraźna tendencja do nostalgii u Natalie" (przypis, s. 1).

Widzimy jednak, że Natalie jest nostalgiczna, gdy dzieli się z ojcem chwilą intensywnych wspomnień, gdy wydobywa dozownik Pez. Jest prawdopodobnie jedynaczką (nie ma żadnych wskazówek dotyczących ewentualnych braci czy sióstr) i jest blisko swojej rodziny. Odwiedza rodziców dwukrotnie w powieści, pierwszy raz po śmierci François, drugi po tym, jak Markus daje jej coś, co możemy porównać do "Proustowskiej Madeleine", dozownik Pez, który przypomina jej dzieciństwo. Ważną rolę odgrywa również jej normańska babcia, Madeleine, do której domu Markus i Natalie trafiają po ucieczce ze stolicy. Tam też kończy się powieść.

Natalie lubi mężczyzn, którzy mają drobne wady fizyczne: "Fizycznie miał on [François] coś, co doceniała w mężczyznach: był trochę zezowaty" (s. 5). To odrzucenie powierzchowności może tłumaczyć jej pociąg do Markusa. Co więcej, wydaje się ona dzielić niemal telepatyczną moc z dwoma mężczyznami, których kocha (François i Markus). Rzeczywiście, wiele fragmentów powieści jest echem innych, poprzez różne postacie: na przykład, kiedy Natalie i Markus czytają tę samą rosyjską powieść, nie zdając sobie z tego sprawy. To tak, jakby tych dwoje ludzi było sobie przeznaczonych, biorąc pod uwagę, że mają te same upodobania i te same myśli. Znajdujemy tu pojęcie przeznaczenia.

Natalia jest również przedstawiona jako osoba bardzo uwodzicielska i pełna mądrości: "Jemu [Charlesowi] ta kobieta wydała się rozsądna" (s. 17).

FRANÇOIS

Wydaje się z zasady dość spięty i nie pozostawia czasu na fantazje. Ale jest też opisany jako "entuzjastyczny" (s. 8) i czarujący mężczyzna. Pracuje w finansach, ale mógłby wykonywać każdy zawód, gdyż ma "ten irytujący urok kogoś, kto potrafi sprzedać ci zupełnie wszystko" (s. 8).

To on stoi za spotkaniem z Natalie. Podchodzi do niej na ulicy i choć początkowo wydaje się dość nieśmiały, narrator wkrótce wyjaśnia: "Mogliśmy doświadczyć go jako niemal nieśmiałego, gdy spotykał się z Natalie, ale był to człowiek pełen witalności, tryskający pomysłami i energią" (s. 8).

Puzzle interesują go, ponieważ są sposobem na skanalizowanie jego energii: "Przede wszystkim lubił puzzle. To może wydawać się dziwne, ale nic nie kanalizowało jego intensywności bardziej niż spędzanie pewnych sobót na układaniu tysięcy kawałków" (s. 8-9). To właśnie w ten sposób prosi Natalie o rękę.

Wkrótce umiera, gdy podczas niedzielnego joggingu zostaje potrącony przez samochód. Po jego śmierci wspomnienie François i ich doskonałego, choć krótkiego, związku pozostaje w pamięci Natalie, zwłaszcza gdy wraca do ważnych miejsc z ich wspólnego czasu. W powieści spotykamy się z poglądem, że wszystkie prawdziwe namiętności muszą się źle skończyć: "Niektórzy ludzie rzeczywiście uważają, że namiętność musi się skończyć tragicznie" (s. 59). Poprzez te postaci Foenkinos podkreśla namiętność, jak również przeznaczenie.

CHARLES DELAMAIN

Charles Delamain to druga męska postać, która zakochuje się w Natalie. Tutaj nie ma tradycyjnego romantycznego spotkania, ale miłość od pierwszego wejrzenia z fotografii na CV Natalie: "zatrzymał się w dziale zasobów ludzkich i zobaczył zdjęcie Natalie na jej CV" (s. 17). Od tego momentu wydaje się szaleńczo zakochany w młodej kobiecie:

> *"W momencie, kiedy zobaczył jej twarz na jej CV, kiedy powiedział, pozwól mi przeprowadzić z nią rozmowę kwalifikacyjną. Wtedy pojawiła się ona, młoda i zamężna, blada i niezdecydowana, a kilka sekund później poczęstował ją Krisprollsami. Czy mógł zakochać się w zdjęciu?" (s. 169).*

To mężczyzna ważny i pewny siebie, ale mający problemy z kobietami. W jego mniemaniu słabością jest brak poczucia humoru, bo nigdy nie potrafił rozśmieszyć kobiet. Nawet jego własna żona wydaje się nie radzić sobie z tym problemem i siedzi nieruchomo przed telewizorem. Ich wygodne, ale chyba smutne życie ("Laurence nie śmiał się od dwóch lat, trzech miesięcy i siedemnastu dni", s. 179) ma się ku lepszemu.

MARKUS LUNDELL

Markus jest niespodzianką w życiu Natalie. Jest trzecim romantycznym spotkaniem, tym, które tak naprawdę nigdy nie miało miejsca.

Markus jest Szwedem. Urodził się w Uppsali, "szwedzkim mieście, które nie interesuje wielu ludzi" (s. 77), trochę jak sam Markus, który mieszka samotnie i raczej nie ma wielu bliskich przyjaciół. Nie ma też znaczącej historii romantycznej: był z dwiema kobietami, obie doprowadziły go do płaczu.

Nie jest też szczególnie atrakcyjny fizycznie:

> *"Fizycznie był raczej nieprzyjemny, co nie znaczy, że był brzydki. Jego sposób ubierania się był zawsze nieco dziwny: nie można było stwierdzić, czy pozyskał swoje ubrania od dziadka, w sklepie w Emaus, czy w modnym secondhandzie. Wszystko to tworzyło zbiór, który nie był zbyt skoordynowany" (s. 77).*

Markus odgrywa rolę błazna, smutnego klauna. Jest naiwnym i wrażliwym człowiekiem, który nie wie co zrobić ze swoimi uczuciami, a przy tym jest zabawny (często niezamierzenie) i inteligentny, czym zaskakuje Natalie.

Pocałunek Natalie przerywa monotonię jego życia. Choć zazwyczaj jest punktualny i spięty również ("uwielbiał wracać do domu dokładnie o siódmej piętnaście", s. 80), teraz chce "wstać i wysiąść na pierwszej stacji, która nadeszła, tak po prostu, by dać sobie poczucie odstępstwa od zwyczajności" (s. 80).

Markus jest jakby sobowtórem François, również z niemal naiwną wrażliwością, co zjednuje mu sympatię zarówno czytelnika, jak i Natalie. Dzieli też te same obawy i wątpliwości co ona, niemal jak przez telepatię.

RODZINA NATALIE

Powieść pokazuje rodzinę Natalie, przedstawioną jako jedna całość, tylko w czterech momentach:

- jej ślub;

- śmierć François;

- w nocy, kiedy Markus daje jej dozownik Pez;

- koniec powieści, w domu jej babci.

Rodzina Natalie jest więc obecna w kluczowych momentach jej życia. Wydaje się jednak, że młoda kobieta ma trudne relacje z ojcem, z którym trudno jej się porozumieć. Jednak dozownik Pez pozwala im dzielić intensywne chwile:

> *"Wyjęła z kieszeni dozownik Pez i natychmiast ojciec doświadczył tych samych emocji co córka. Mały przedmiot odesłał ich do tego samego lata. Nagle jego córka miała osiem lat. Podeszła więc do ojca i delikatnie oparła głowę na jego ramieniu. Cała czułość przeszłości była w Pezie, wszystko, co zostało roztrwonione wraz z upływem czasu, także nie nagle, ale spokojnie. [...] Myśl o ojcu była w Pezie, o człowieku, ku któremu uwielbiała biec jako dziecko, skacząc w jego ramiona; a gdy tylko poczuła go przy sobie, mogła z niezwykłą pewnością myśleć o przyszłości"* (s. 156).

Babcia Natalie odgrywa w utworze ważną rolę, nawet jeśli pojawia się dopiero pod koniec. Madeleine, a także otaczający ją świat (Normandia, ogród i dom), rzucają Natalie we wspomnienia z dzieciństwa, które dzieli z Markusem.

ZNAJOMI NATALIE

Oni również tworzą grupę rodzajową, ale Chloé wyróżnia się na ich tle.

Natalie początkowo wydaje się dobrze dogadywać z Chloé, choć Chloé jest od niej młodsza. Dodatkowo wiemy, że "Natalie czuła się śmiesznie, będąc tutaj i prowadząc tego rodzaju dyskusję z tak młodą kobietą" (s. 71). Mimo że ich relacja jest niewzajemna, a Chloé jako jedyna się otwiera, odgrywa rolę wyroczni; w każdym razie ma podświadomy wpływ na Natalie. To ona uczy ją znaczenia astrologii i to ona mówi do niej, o mężczyźnie w barze: "Założę się, że jest Skorpionem. A ponieważ jesteś Rybą, to jest idealny" (s. 70). Później dowiadujemy się, że Markus jest w rzeczywistości Skorpionem.

Znacznie później Chloé uruchamia plotki w firmie, podejrzewając, że Markus i Natalie są razem, co ostatecznie prowadzi do oddalenia się od głównej bohaterki, którą szczególnie bolą reakcje współpracowników.

NARRATOR

Narrator jest ekstradiegetyczny, co oznacza, że nie jest postacią w opowiadaniu. Pojawia się jednak w tekście wielokrotnie, poprzez powtarzające się i dość regularne interwencje kursywą:

> "**Trzy ulubione powieści Natalie**
>
> Jej kochanek – *Albert Cohen*
>
> Kochanek – *Marguerite Duras*
>
> Separation – *Dan Franck*" *(s. 7).*

Interwencje te zawsze nawiązują do poprzedniego rozdziału, odpowiadając na pytanie zadane przez któregoś z bohaterów (autor odpowiada na stronie 79 na pytanie Natalie: "Kto mógł wymyślić dywan od ściany do ściany?", s. 76). Adnotacje te dostarczają nam również szczegółów dotyczących pewnych elementów fabuły (godziny pociągów, teksty piosenek itp.). Ale przede wszystkim stanowią one wprowadzenie tego, co realne, do fikcji i nadają prawdziwość fabule, a także postaciom i ich emocjom. W konsekwencji pozwalają na empatię i dzielenie się emocjami.

ANALIZA

WSPÓŁCZESNA BAŚŃ

Miłość w pracy jest ważnym tematem w naszym społeczeństwie, w czasach, gdy coraz więcej jest samotnych ludzi, a okazje do poznania ludzi są rzadsze. W związku z tym, miejsce pracy jest jednym z preferowanych miejsc do poznawania ludzi. David Foenkinos przedstawia nam więc bohaterów dobrze zakotwiczonych w naszej socjologicznej rzeczywistości, pokazując nawet konsekwencje miłości w pracy: Natalie i Markus są ofiarami plotek i trudno jest im rozpocząć związek z dala od wścibskich oczu.

Mimo to, jakby w ramach przeciwdziałania temu nowoczesnemu trendowi, autorka daje nam stereotypowe postaci żyjące w kliszowych sytuacjach.

- Motyw miłości od pierwszego wejrzenia, istniejący w literaturze od czasów starożytnych, wyraźnie pojawia się w spotkaniu Natalie i François. W poezji barokowej pamiętamy na przykład Petrarkę i jego spotkanie z Laurą, prawdziwe "innamoramento" (zakochanie od pierwszego wejrzenia), które okryło się sławą.

- Pod pewnymi względami powieść przypomina również bajkę, w której księżniczka (którą w tym przypadku byłaby Natalia), cnotliwa, ale smutna ikona kobiecości, zakochuje się beznadziejnie w księciu (Markusie), bez względu na pozory, na opinie i kpiny innych ludzi, a przede wszystkim na złą interwencję innego bohatera

(Charlesa), który próbuje przeszkodzić parze w miłości. Ale tutaj, podobnie jak w bajkach, nic nie można zrobić, dwójka bohaterów została stworzona dla siebie i nic nie może ich rozdzielić: ich miłość do siebie jest czysta, wręcz naiwna.

Podejmując współczesny temat przy użyciu tradycyjnych motywów, Foenkinos daje nam niezwykle oryginalną powieść, którą z punktu widzenia jej treści moglibyśmy uznać za współczesną baśń.

MOTYW ŻAŁOBY

Autorka, poprzez styl pisania, w którym dużą wagę przywiązuje się do uczuć, przedstawia nam młodą wdowę, Natalie, która przechodzi przez różne etapy żałoby, co staje się tematem centralnym. Zgodnie z badaniami Elisabeth Kübler-Ross (amerykański psychiatra i psycholog, 1926-2004), istnieje w rzeczywistości pięć etapów, czy też faz, żałoby, przez które nasza bohaterka również przechodzi, przynajmniej częściowo:

- zaprzeczenie: "Od tygodni jej punkt widzenia zbliżał się do szaleństwa: zaprzeczanie śmierci" (s. 39);

- gniew i poczucie winy: Natalie czuje się dziwacznie winna, kiedy myśli o dniu, w którym zginął jej mąż, czując, że powinna była powstrzymać go przed pójściem na jogging i pozwalając, by te myśli zawładnęły jej umysłem;

- depresja: "Stała na krawężniku i patrzyła na przejeżdżające samochody. Dlaczego by nie zabić się w tym samym miejscu? Dlaczego nie zmieszać śladów ich krwi w ostatecznym, chorobliwym zjednoczeniu?" (p. 40);

- akceptacja: kiedy Natalie zabiera Markusa na grób François, oznacza to, że idzie do przodu i żegna się ze swoją pierwszą miłością. Natalie posuwa się do przodu w swoim życiu jako kobieta i jest wtedy gotowa na zaangażowanie się w kogoś innego.

Dr Kübler-Ross wspomina również o innym etapie, pomiędzy gniewem a depresją: "targowanie się", ale Natalie wydaje się nie doświadczać tego etapu.

RÓŻNICA POSTRZEGANA JAKO SIŁA

Delikatność przedstawia bohaterkę, która nie dokonuje swoich wyborów zgodnie z powszechną opinią, a dokładniej jest bardzo tolerancyjna wobec tych, którzy nie odpowiadają fizycznym kryteriom podkreślanym przez społeczeństwo, co widzieliśmy wcześniej.

W istocie Natalie zdaje się nie przywiązywać żadnej wagi do wyglądu zewnętrznego i to właśnie prowadzi do jej związku z Markusem, który opisany jest jako mężczyzna o nieatrakcyjnym wyglądzie fizycznym. Fakt, że autorka przedstawia nam go poprzez spojrzenie innych ludzi, a konkretnie poprzez oczy jego kolegów z pracy, dodatkowo podkreśla jego brak fizycznego piękna, a nawet sprawia, że wydaje się on postacią całkowicie odpychającą, zwłaszcza dla takich jak Charles.

W rzeczywistości człowiek ten czerpie swoją siłę z prostoty i delikatności, z jaką wyobraża sobie swoje życie i relacje z innymi. Poza wyglądem fizycznym Markus przedstawiony jest jako zabawny, słodki, wrażliwy człowiek, a to z pewnością wydaje się być najważniejsze: "Było w Markusie coś bardzo słodkiego i cicho poruszającego, mieszanka pewnego rodzaju siły, która dodawała otuchy i słabości, która roztapiała serce" (s. 101-102). Tak więc jego cechy moralne są tym, co daje mu prawdziwą siłę, znacznie większą od siły Charlesa, który jest przystojny, ale brakuje mu dobroci: "Teraz to prawda, jesteś miły... to widać... w twoim sposobie patrzenia na mnie... nie oceniasz... wszystko rozumiem, teraz [...]. Im więcej cię widzę, tym bardziej rozumiem wszystko, czym nie jestem" (s. 193). I krótko po tym: "A na dodatek masz wspaniałe poczucie humoru. Jesteś geniuszem, naprawdę. Był Marks, był Einstein, a teraz jesteś ty" – mówi Charles.

W powieści więc nie tylko odmienność jest postrzegana jako siła, ale też potępiona zostaje obsesja społeczeństwa na punkcie wyglądu: liczy się to, co w środku, a nie wygląd fizyczny ludzi.

DALSZA REFLEKSJA

KILKA PYTAŃ DO PRZEMYŚLENIA...

- Zanalizuj motyw pocałunku w tym utworze, a także przedstawienia literackie i artystyczne, które wydają się być z nim związane.

- Przeanalizuj pierwszy i ostatni rozdział. W jakim stopniu są one podobne?

- Wiele fragmentów funkcjonuje jako lustra między bohaterami. W jakim stopniu mogą być one symptomem romantycznego przeznaczenia?

- W jakim stopniu interwencje narratora w powieści przypominają styl pisania osobistego pamiętnika?

- Wyjaśnij tytuł powieści.

- W jakim stopniu możemy określić tę powieść jako "współczesną baśń"?

- Dzieło to zostało zaadaptowane na potrzeby filmu przez samego Davida Foenkinosa wraz z jego bratem, Stéphane'em. Porównaj książkę z filmem.

DALSZE CZYTANIE

WYDANIE REFERENCYJNE

Foenkinos, D. (2011) *Delikatność*. Tłum. Benderson, B. London: Bloomsbury.

ADAPTACJA

Delikatność. (2011) [Film]. David Foenkinos i Stéphane Foenkinos. Reż. Paryż: 2. 4. 7. Filmy.

Chcemy usłyszeć od Ciebie, co się dzieje!
Zostaw komentarz na temat swojej internetowej biblioteki
i podziel się swoimi ulubionymi książkami w mediach społecznościowych!

Dlaczego warto wybrać Must Read?

Dowiedz się wszystkiego, co musisz wiedzieć o książce dzięki naszym zwięzłym i dogłębnym streszczeniom i analizom!

Odkryj to, co najlepsze w literaturze w zupełnie nowym świetle!

www.50minutes.com

Wydawca zapewnia o wiarygodności publikowanych informacji, co jednak nie może wiązać się z jego odpowiedzialnością.

www.50minutes.com

Master ISBN: 9782808694698
Papierowy ISBN: 9782808616096
Depozyt prawny: D/2023/12603/1889

Verhaal: © Primento

Projekt cyfrowy: Primento, cyfrowy partner wydawców.